# ASSOCIATION AU SAINT AMOUR.

A PARIS

Chez Loüis Gasse,
à la Porte de Noſtre-Dame,
attenant S. Jean le Rond.

Avec Approbation & Permiſſion.

M. DC. XCI.

Lorsqu'il y a en quelque
lieu deux ou trois personnes
assemblées en mon nom , je
suis au milieu d'elles.
*Matth. 18. 20,*

A ij

# ASSOCIATION

## au Saint Amour.

1. UNE perſonne de pieté pendant une retraite, ayant eſté vivement touchée de ſentimens d'amour de Dieu, cela luy fit beaucoup ſouhaiter de ſe joindre à d'autres Ames qui fuſſent dans les meſmes diſpoſitions, afin de donner par cette union plus de force & d'étenduë à ſon amour. Quelques mois aprês par une rencontre

de la Providence , elle tomba
fur la Vie de la V.M. Elizabeth
de Breme, Prieure de Rember-
villiers ; & trouvant qu'elle
avoit eu une pareille devotion,
elle fentit dans le moment fes
premiers fentimens fe renou-
veller ; & ne les pouvant plus
contenir davantage , elle les
communiqua à deux perfonnes
de confiance ; qui lui dirent
avoir eu auffi de leur cofté des
touches affez femblables. C'eft
ainfi que fe forma entre elles
cette Affociation. Voici l'endroit de la vie de cette fainte
Religieufe , qui fait à noftre fujet. C'eft la premiere du 2. To-
me des Eloges de plufieurs perfonnes illuftres en pieté , qui
ont fleuri dans l'ordre de faint
Benoift compofé par M<sup>c</sup> de
Blemur : *Elle dit, qu'il ne fuffit
pas d'aimer Noftre Seigneur par le*

cœur d'une seule creature; mais qu'il auroit fort agreable l'union de trois personnes animées d'un mesme Zele, qui luy offriroient un bouquet composé de quantité de bonnes œuvres, qu'elles mettroient entre les mains de la tres-sainte Vierge, pour le presenter à son divin Fils, aprés l'avoir purifié & parfumé. Que cette Association se devoit faire aprés avoir reçû le tres-saint Sacrement, & qu'elle devoit perseverer jusqu'à la mort des personnes engagées.

2. C'est sur ce plan, que l'Association du saint Amour a esté dressée. Les pratiques des Associez seront principalement, de tout faire & de tout souffrir par le motif du pur amour, d'aneantir tous leurs desirs & leurs inclinations naturelles, par hommage à la divine volonté, sitost qu'elle leur sera connuë, de sacrifier tout interest propre,

pour n'eſtre plus ſenſible qu'au ſeul intereſt de Dieu, & ne s'appliquer plus qu'à l'avancement de ſa gloire en eux & dans les autres.

3. Il doit y avoir une tres-particuliere participation de biens ſpirituels entre les Aſſociez, & un grand ſoin de prier les uns pour les autres, ſur tout dans les temps d'affliction.

4. La Communion du premier Jeudy de chaque mois ſe fera reciproquement les uns pour les autres, & le premier Vendredy du mois l'on dira un *Miſerere* pour la converſion des ames qui n'aiment point Dieu, ou ne l'aiment que foiblement.

5. La ſainte amitié n'eſtant en rien ſujette à la mort, parce qu'elle a pour lien la charité qui comme parle Saint Paul ne

finira jamais, aprês la mort mefme ; fe continüera cette com-
munauté de biens fpirituels entre les Affociez, en forte que
celle qui ne fera plus en cette
vie ne laiffera pas de participer
à toutes les bonnes œuvres que
les deux autres pourront faire,
jufquà ce qu'elle foit arrivée
dans la gloire ; & reciproquement auffi celle qui fera la premiere au ciel, demandera fans
ceffe devant le trofne de Dieu
pour fes Affociez la participation à la mefme gloire, & toutes les graces neceffaires pour y
parvenir ; de la mefme maniere
que S. Cyprien écrivant au S.
Pape Corneille luy difoit en ces
termes : *Que fi Dieu par une grace
particuliere appelle quelqu'un d'entre nous le premier, que noftre amitié persevere toûjours devant le Seigneur, & que celuy qui nous aura*

precedé, *offre fans ceffe fes prieres pour obtenir du Pere, la mifericorde en faveur de fes freres & de fes fœurs;* Entre autres prieres on pourra dire le Pfautier tout entier pour la perfonne decedée.

6. Les Affociez regarderont la Pentecofte comme leur principale fefte, & la celebreront avec une devotion toute particuliere, s'y preparant les dix jours precedens par une plus grande retraite & feparation de toutes chofes, & continuant toute l'octave dans la ferveur de leurs exercices. Ils honoreront & adoreront pendant ces faints jours le Saint Efprit, fous les titres que les faints Peres lui donnent, d'Amour fubftantiel, & coëternel au Pere & au Fils, & fource de tout l'amour qui fe communique aux Anges & aux Saints. S. Auguftin dans les

livres de la Trinité, dit qu'il
est la souveraine Charité, joi-
gnant les deux premieres Personnes desquelles il procede,
par un lien ineffable & incom-
prehensible, & nous liant en-
suite à cette divine Societé ;
qu'il est la dilection & la com-
plaisance de l'une & l'autre
Personne divine, leur felicité,
leur bonheur, leur familiarité;
qu'il est leur douceur & leur
souverain plaisir, faisant part de
ses largesses & de ses richesses
à toute creature. Il l'appelle
encore l'Amitié du Pere & du
Fils. Ainsi nous le devons con-
siderer & adorer comme princi-
pe de la sincere & veritable
amitié, & luy demander fre-
quemment cét esprit d'union &
de charité avec Dieu & avec
nostre prochain ; sur-tout
avec ceux qui nous sont liez par

des rapports particuliers dans
l'ordre de la divine Providence, le priant d'eſtre le nœud,
le centre, & la fin de toutes nos
liaiſons & amitiez ſur la terre.

Les Aſſociez pourront reciter
à leur devotion *l'Office du Saint
Eſprit*, ou ſept *Pater* & *Ave* pour
demander les ſept dons, & reci-
teront le plus ſouvent qu'ils
pourront, *Veni Creator*, ou la
Proſe, *Veni Sancte Spiritus*, ou
au moins l'Antienne *Veni Sancte
Spiritus*, *&c.*

7. De toutes les Feſtes de la
Sainte Vierge, celle de ſon Aſ-
ſomption doit eſtre en plus
grande veneration que les autres, puiſque c'eſt le jour auquel elle a eſté elevée au deſſus
de tous les Chœurs des Anges,
& par conſequent au deſſus de
celuy des Seraphins, comme
les ſurpaſſant par la plenitude

de son amour, & de ses autres graces. Mais comme dans plusieurs Ordres & Congregations on celebre le 2. jour d'Aoust la Feste de N. Dame des Anges, on commencera depuis ce jour à se preparer à son triomphe & à l'honorer sous les titres de Mere de la Belle Dilection, & de Reyne des Seraphins.

8. Aprês la sainte Vierge rien ne sera plus en grande recommandation dans l'Association, que le culte & l'invocation des Seraphins, Esprits qui ne vivent que d'amour, & tous destinez à le répandre dans les cœurs. Ils sont les plus proches du throne du Saint Esprit & de cette fournaise du divin Amour, & ont le bonheur d'en recevoir les premieres & les plus pures flammes.

Saint Bernard dans le Sermon

62. fur le 2. Cantiq. à l'occafion de ces paroles , *Ma colombe eft dans les trous de la pierre , & dans les creux de la muraille,* dit: Qu'il
,, eft permis à un chacun de
,, nous, mefme durant le temps
,, de cette vie mortelle , de fe
,, creufer des trous en telle par-
,, tie qu'il luy plaira de cette di-
,, vine muraille de la Hierufa-
,, lem celefte, ou en vifitant les
,, Patriarches, ou en fe mêlant
,, dans l'affemblée des Apoftres,
,, ou en s'infinuant dans les
,, chœurs des Martyrs, l'on peut
,, même *continuë-t'il* fi l'on en a
,, devotion parcourir avec alê-
,, greffe les demeures des bien-
,, heureufes vertus , & enfin fe
,, tranfporter en efprit depuis
,, le moindre des Anges , juf-
,, qu'au plus grand des Cheru-
,, bins & des Seraphins , & fi
,,quelqu'un frape avec perfeve-

,, rance à la porte de ceux dans la
,, compagnie defquels il fe plai-
,, ra davantage, comme l'Efprit
,, de Dieu fouffle où il veut, ils
,, luy ouvriront auffitoft, & fe
,, faifant comme une ouverture
,, dans ces montagnes, ou plû-
,, toft dans ces Efprits celeftes,
,, qui fe laifferont flechir à fes
,, prieres, il repofera un peu
,, parmi eux.

Le mefme S. Docteur dans le
3. Sermon fur les paroles de la
Vifion d'Ifaïe chap. 6. *J'ai vû le
Seigneur affis fur un throfne haut & 
elevé, &c. Les Seraphins fe tenoient
debout autour de luy, & chacun
d'eux avoit fix aifles, &c.* Remar-
" que à noftre fujet, que dans
" cette defcription par ces deux
" Seraphins l'on peut entendre
" les deux natures raifonnables,
" qui font l'angelique & l'hu-
" maine, & qu'on ne s'étonne

,, point , dit-il de voir l'homme
,, devenir Seraphin , puiſque le
,, Seigneur & le Createur des
,, Seraphins s'eſt bien fait hom-
,, me.   C'eſt un grand affront
,, pour toy , ô Eſprit ſuperbe !
,, qui ayant eſté créé parmy la
" troupe des Anges, n'a pas me-
,, rité de t'y maintenir.   C'eſt
,, pour cela que noſtre Roy eſt
,, décendu ſur la terre pour ſe
,, former de nouveaux Anges.
,, Et afin que tu ſéches davan-
,, tage d'envie, il ne forme pas
,, ſeulement des Anges des Or-
,, dres inférieurs, mais c'eſt de
,, nouveaux Seraphins , qu'il
,, crèe.   Ecoute ce qu'il dit luy-
,, meſme : *Je ſuis venu mettre le*
,, *feu en la terre, & que deſiray-je*
,, *autre choſe , que de le voir allumé*
,, *par tout ;* Il veut donc faire des
,, Seraphins, qui rempliſſent la
,, place, d'où tu es tombé.   Les

cinq Sermons que ce Saint a fait
sur cet endroit du Prophete
Iſaïe meritent d'eſtre lûs auſſi-
bien que le 4. Chapitre du S.
Livre de la Conſideration, & le
Sermon 19. ſur le Cantique.
Conformement à cette penſée
de S. Bernard, nous liſons dans
la vie de la venerable Mere Ma-
rie Fornæri Fondatrice de l'Ordre de l'Annonciade Celeſte,
que N. S. un jour s'aparoiſſant
à une de ſes Religieuſes, luy
dit : J'ai des Seraphins au Ciel,
& je veux en avoir auſſi en terre, qui m'aiment comme ceux-
là, & autant qu'eux.

Sainte Madelaine de Pazzi
dans les memoires qui ſuivent
ſa vie *partie* 5. donne une cou-
ronne d'étoiles aux Epouſes ze-
lées & ferventes, comme à la
S. Vierge, & par ces étoiles elle
entend les ſecours & la pro-

tection des Seraphins qui aiment & se complaisent dans la
pureté & la ferveur des Vier-
ges, qui leur ressemblent par
ces belles qualités les rayons de
ces étoiles, selon la mesme Sainte ne sont autre chose que ces
six aisles, que leur donne la
Sainte Ecriture qui designent
la promptitude & l'alegresse,
avec lesquelles ils sont prests de
les secourir, & les soulever de
dessus la surface de la terre, &
de les enflammer par le souffle
de ces aisles toutes de feu, desi-
rant ardemment l'exciter dans
leur cœur & de les rendre en-
tierement semblables à eux dans
la vehemence & la force de leur
amour.

Quelques personnes ont sou-
haitté qu'il y eût un petit Office
Seraphique composé de 33. *Sanctus* en la maniere suivante pour

honorer avec ces bienheureux
Efprits la Trinité Sainte, &
en mefme temps les œuvres. de
fanctification & infiniment me-
ritoires de l'humanité fainte de
J. Chrift, converfan. avec les
hommes dans fa vie voyagere,
pour cela on pourra dire à Mati-
nes & Laudes trois fois ces paroles tirées du *Te Deum : Clemen-*
*tiſſime Domine , Tibi Cherubim &*
*Seraphim inceſſabili voce procla-*
*mant, Sanctus, Sanctus, Sanctus,*
*Dominus Deus Sabaoth , pleni ſunt*
*cæli & terra majeſtatis gloriæ tuæ.*
On dira autant pour Vefpres &
pour les autres cinq petites heu-
res, Prime, Tierce, Sexte, No-
ne & Complies , on ne dira
qu'une fois ce Trifagion. Ceux
qui trouveroient ce petit Office
encore trop long , peuvent fe
contenter du Trifagion de l'E-
glife Grecque en difant une

fois à chaque heure Canonia-
le, *Sanctus Deus*, *Sanctus Fortis*,
*Sanctus & Immortalis miserere no-
bis*. Outre des Messes du Saint
Esprit, que les Associez peuvent faire dire, ils peuvent aussi faire dire une Messe Votive
des Seraphins, qui est la premiere des neuf Messes Votives
des neufs Chœurs des Anges
imprimées avec l'aprobation de
plusieurs Evêques de France.

9. Aprês les Seraphins on
honorera les Saints, qui ont ex-
cellé en l'Amour divin. On en
met ici un Catalogue selon le
Calendrier, auquel chaque Association particuliere pourra
ajoûter ceux qu'elle jugera à
propos.

*Janvier.*
17. Saint Antoine.
21. Sainte Agnés.
27. Saint Jean Chrysostome.

29. Saint François de Sales,
### Février.
1. Saint Ignace Martyr.
### Mars.
7. Saint Thomas d'Aquin.
19. Saint Joseph.
### Avril.
2. Saint François de Paule.
14. Sainte Liduvine.
30. S<sup>te</sup> Catherine de Sienne.
### May.
6. Saint Jean l'Evangeliste.
20. S. Bernardin de Sienne.
25. Sainte Madeleine de Pazzi.
26. Saint Philippe Neri.
### Juin.
22. Saint Paulin.
24. Saint Jean Baptiste.
29. Saint Pierre & Saint Paul.
30. Commemoration de Saint Paul.
### Juillet.
14. Saint Bonaventure.
17. Saint Alexis.

22. Sainte Madeleine.
29. Sainte Marthe.
31. Saint Ignace.

*Aoust.*

4. Saint Dominique.
10. Saint Laurent.
20. Saint Bernard.
28. Saint Augustin.

*Septembre.*

14. S^te Catherine de Gennes.
23. Sainte Thecle.
29. Saint Michel.

*Octobre.*

4. Saint François.
6. Saint Bruno.
15. Sainte Therese.
19. Saint Pierre d'Alcantara.

*Novembre.*

4. Saint Charles.
11. Saint Martin.
19. Sainte Elizabeth veuve, fille d'André, Roy de Hongrie.
30. Saint André.

*Decembre.*

2. Saint François Xavier.

7. Saint Ambroise.

26. Sainte Estienne.

27. Saint Jean l'Evangeliste.

10. Les associez tâcheront de s'assembler de temps en temps, pour tirer des pratiques de vertu, dont ils s'entretiendront à l'entrevuë suivante. Tout sera volontaire, & sans aucune obligation sous peine de peché.

### *Quatre qualitez de l'Amour de Dieu.*

Il doit estre *fort*, pour tout entreprendre.

*Nud*, quittant tout.

*Pur*, par un détachement de toute creature & une adherance parfaite au Saint Esprit, qui seul peut purifier l'ame, comme l'or dans le creuſet.

*Simple* , pour n'avoir qu'une vuë & une ſcience dans l'eſprit & un ſeul vouloir dans le cœur.

### Maximes du pur Amour.

1. Tout eſt Amour , quand tout eſt pris & accepté en vuë du bon plaiſir de Dieu.

2. Une ame qui veut vivre de la vie interieure , doit vivre en morte.

3. On doit ſouffrir en ſilence, pour ſouffrir parfaitement.

4. Pour aimer comme il faut, il faut aimer comme les jeunes Filles du Cantique : *Adoleſcentulæ dilexerunt te nimis.* C'eſt à dire avec paſſion.

5. Il faut travailler ſans s'épargner pour travailler comme il faut.

6. On eſt toûjours en Oraiſon, quand

quand on ne veut que Dieu &
sa volonté.

7. Dans la grace sensible,
l'Ame fidelle est plus attentive
à Dieu, mais non pas plus unie,
que dans les états affligeans &
de privation.

8. Le contentement d'une
Ame parfaite est de se contenter du contentement de Dieu.

9. C'est se mortifier excellem-
ment, que de ne plus chercher
à se satisfaire humainement.

10. Pour estre les delices de
Dieu, il faut faire ses delices
des croix.

11. Peu parler, beaucoup aimer, & beaucoup faire.

12. Aimer, c'est un épuise-
ment de toute l'action du cœur
pour l'objet qu'on ame.

13. Dieu demande de sa creature un retour perpetuel vers
luy de tout ce qu'elle est, de

B

tout ce qu'elle a , de tout ce
qu'elle fait, & de tout ce qui luy
arrive, comme estant le prin-
cipe de son estre, de sa vie, de
sa voye , & de sa perfection.

14. En tout lieu , en tout
temps & en toutes choses ne
pensez qu'à rendre à Dieu, ce
qu'il demande de vous, & il aura soin de disposer de tout pour
vostre sanctification.

15. Jesus-Christ ne donne sa
paix qu'à ceux qui aiment son
joug, & qui s'y assujettissent de
toute leur puissance.

16. Aimons nos ennemis sans
en estre aimé , puisque nous
avons esté aimés de toute éternité sans aimer.

17. Celui qui établit son repos en ce monde, ne doit pas
esperer de l'avoir dans l'éternité, car le royaume du ciel n'est
pas pour ceux qui vivent icy

dans l'oisiveté. Il n'y a que ceux qui travaillent & qui souffrent avec Jesus - Christ qui ayent droit d'y pretendre.

18. La colere de Dieu cede à l'amour que le Sauveur nous porte.

19. Si vous desirez sçavoir la chose, que vous aimez le plus, c'est sans doute la chose à laquelle vous pensez le plus.

20. Le vray amour ne se plaint de rien. Il dit à Dieu ; je n'ay point travaillé en vous suivant. Il porte la croix de J. C. sans en sentir le poids.

21. Mon ame, regarde volontiers ton Jesus en ses peines, si tu veux qu'il te regarde dans les tiennes.

22. Pour avancer dans l'amour il faut parler peu au monde, & beaucoup écouter Dieu parlant en nous.

23. L'Amour que N. S. J. C.
a pour nos ames dans la sainte
Eucharistie est inconcevable,
il y est en qualité de Medecin
charitable, qui vient les trou-
ver par misericorde jusques
dans leurs miseres, & leurs pau-
vretez.

24. Une seule pensée de l'homme est plus pretieuse que tout
l'Univers, d'où vient que Dieu
seul en est digne, & qu'elle est
deüe à luy seul ; ainsi toutes les
pensées qui ne sont point occu-
pées en Dieu sont autant de
larcins.

25. Dieu ne regne souverai-
nement que dans l'ame paisible,
& denuée de toute recherche
propre.

26. Quand l'ame a tout perdu,
qu'elle croie n'avoir rien perdu
pourvû qu'elle ne perde point
la disposition d'union au bon

plaiſir de Dieu.

27. Que tu-es aimée, mon ame, que tu-es aimée de ton Dieu, plus que le Fils unique n'eſt aimé de ſa Mere, car tout au plus elle le porte deſſus ſon ſein, & au droit de ſon cœur; & Dieu te loge dans ſon cœur meſme, & au milieu de ſon amour, & tu n'en ſors jamais.

28. Je ne ſuis plus en peine comment je pourray aimer Dieu autant qu'il eſt aimable, ou luy rendre autant d'honneur ou d'hommage comme il le merite, ou le loüer, l'adorer, le remercier autant qu'il merite; puiſque le Fils unique du Pere s'incarne exprês & ſe donne à moy, pour m'acquitter de toutes mes obligations infinies envers ſon Pere.

29. Ne vous plaignez jamais de ne pouvoir rien faire pour

Dieu, c'est assez que vous puis-
siez souffrir.

30. Le cœur de Jesus est le centre des hommes, quand nostre
ame sera distraitte, il la faut
mener doucement au cœur de
Jesus pour offrir au Pere eter-
nel les saintes dispositions de ce
cœur adorable, pour unir le
peu que nous faisons, avec l'in-
fini que Jesus fait; ainsi en ne
croyant rien faire, nous faisons beaucoup par Jesus.

# INVOCATION DES

*Seraphins pour aimer Dieu*
*& le glorifier de concert.*

ADorate Deum omnes Angeli ejus : adorate eum, beata Seraphim ejus.

Diligite eum omnes Sancti ejus : diligite eum, beata Seraphim ejus, propter nimiam charitatem, quâ dilexit nos.

Magnificate Dominum nobiscum : & exaltemus nomen ejus in idipsum.

Sic Deus dilexit mundum : ut filium suum uuigenitum daret, quomodo non cum illo omnia nobis donavit?

Hymnum dicite, & superexaltate eum in sæcula.

Ignem sui amoris, & flammam æternæ charitatis accendat Deus in cordibus nostris.

B iiij

## Priere pour les Associez.

*REspice, quæsumus, Domine, super hanc sodalitatem tuam, pro qua Dominus noster Jesus Christus non dubitavit manibus tradi nocentium, & crucis subire tormentum: Qui tecum vivit, &c.*

ANGES, adorez tous le Seigneur : Bienheureux Seraphins, adorez le Seigneur.

Saints, aimez tous le Seigneur; Bienheureux Seraphins, aimez le Seigneur, à cause de l'excessive charité dont il nous a aimez.

Glorifiez le Seigneur avec nous ; & exaltons son nom tel qu'il est en luy mesme.

Dieu a tant aimé le monde, qu'il lui a donné son Fils unique ; & ne nous a-t'il pas aussi tout donné avec luy ?

Chantez des Hymnes au Seigneur, & celebrez ſes loüanges dans tous les ſiécles.

Que Dieu allume dans nos cœurs le feu de ſon amour, & le braſier de ſon éternelle charité.

*Priere pour les Aſſociez.*

NOus vous ſupplions, Seigneur, de jetter les yeux ſur cette Societé qui vous eſt conſacrée, pour laquelle noſtre Seigneur Jeſus Chriſt n'a point heſité de s'abandonner entre les mains de ſes ennemis, & d'endurer le ſupplice de la Croix.

## Extrait d'une Lettre du R. Pere Scurin touchant la Feste de la Pentecoste.

IL n'y a point de divertissement si agreable, que de
communiquer avec les amis de
Dieu, & soulager par la suavité de leur entretien, le travail
de mon pelerinage, j'appelle
cela divertissement, car l'entretien substantiel & solide,
l'occupation forte & serieuse de
nos ames se prend avec le Con-
solateur souverain, dont nous
celebrons demain la Feste.

Dieu a fait aux hommes deux
merveilleux presens, son Ver-
be & son Amour, qui sont tout
son bien à luy mesme, & tout
son thresor. La possession du

Fils de Dieu & du saint Esprit
c'est nostre souverain bien. Qui
a en soy ces deux perles, peut
vendre tout ce qu'il a d'ailleurs
& s'en deffaire comme d'une
chose inutile. Il a avec ces deux
dons la lumiere de la vie, la
fontaine d'eau rejaillissantejuf-
qu'à la vie éternelle, il a le
Royaume de Dieu en foy, il a
toute verité,il a comme dit saint
Paul, toute plenitude de Dieu,
il a les richesses inestimables, il
a dans son cœur l'illumination
de la science & de la clarté de
Dieu.

Il me semble qu'une bonne
pratique pour nous seroit d'em-
ployer le cours de l'année à recevoir ces deux dons divins,
qui composent nostre felicité,
& que l'espace de six mois nôtre
ame se disposast par une grande
pureté & par de fervens desirs

à recevoir le Fils de Dieu en sa nativité, & les autres six mois à recevoir le Saint Esprit à la Pentecoste.

Que le divin Esprit soit beni en toutes choses, & que les Seraphins le glorifient à jamais.

***

### ACTE DE REGRET
#### de n'avoir pas aimé Dieu.

QU'ESTOIS-JE, ô grand Dieu, pour m'élever à cét excés d'honneur, que de m'unir à vous par le lien adorable de voftre faint Amour ; cét Amour ineffable qui fait la felicité des Seraphins, & qui eft à Dieu même fa delicieufe éternité ; Mais, ô chofe incroyable ; ce don precieux, ce threfor immenſe a eſté mepriſé d'une indigne creature, oüy, Seigneur, je confeſſe mon peché, j'ay violé mille & mille fois ce divin precepte d'Amour. Je vous ay quitté, ô ſource des eaux pures, pour me plonger dans la fange & dans la boüe; j'ay preferé d'épaiſſes & d'horribles tenebres à la ſource des vives lumieres. Où eſtoit ma raiſon, quand je faiſois de ſi étranges folies, quand je trouvois mon bonheur dans la miſere & l'indigence des creatures! Helas! par quel enchantement eſt il arrivé que le néant m'ait tenu ſi long-temps lieu de vous, ô mon ſouverain bien! eſtoit-ce une choſe difficile à faire, d'aimer la beauté parfaite, & la bonté ſouveraine? A la vuë de tous ces maux je ſuis couvert de honte, & ſaiſi de frayeur. Oüy, Seigneur, tant d'injustice, tant d'ingratitude & de folies à la fois, sont indignes de pardon : mais vostre bonté est infinie, & l'on raconte de vous tous les jours des choses si merveilleuses, qu'on ne peut plus se desesperer. On dit, que tout Dieu que vous estes, vous ne meprisez jamais les pauvres, & que vous ne voulez pas la perte des pecheurs ; que vous avez pardonné au Larron, à la Pecheresse, & à vostre Apostre qui vous avoit renié. On dit mesme que le sein de vostre bonté est si immense, qu'il y avoit place pour vos propres bourreaux, si ces malheureux avoient frappé à la porte de vostre misericorde. O bonté ! ô douceur ! ô charité de mon Dieu ! vous estés sans bornes ; vous meritez l'amour &

les adorations du ciel & de la
terre; & moy, vile pouſſiere,
je vous ay mépriſée, Seigneur,
ſi aprês cela vous ſouffrez que je
vive, que ce ſoit donc pour pleu-
rer mon aveuglement, & pour
deteſter mon horrible perfidie.
Pour cét effet, donnez à mon
cœur une douleur amere,
mais une douleur qui paſſe
toutes les douleurs du monde;
qu'il ſoit à jamais penetré d'un
ſincere & vif repentir; mais ſur
tout, faites qu'il vous aime
beaucoup, ayant beſoin que
vous me pardonniez beaucoup.
Mais pour obtenir vôtre amour,
ce threſor plus precieux que
l'or & les pierreries, qu'offri-
ray-je à voſtre bonté; rien du
monde ne vous peut plaire que
voſtre Fils, & rien n'eſt ſi puiſ-
ſant que lui pour ſolliciter pour
nous. Je vous offre donc les

complaisances & les delices infinies que vous donne son
Amour dans toute l'éternité; &
pour reparation des injures faites à voſtre saint Amour, rece-
vez les merites, les satisfactions
de ce meſme Fils, avec l'honneur & la gloire que son Amour
vous a rendu dans le temps. Et
pour me payer d'une offrande ſi
excellente, accordez-moy d'ê-
tre ſi rempli & ſi penetré de vôtre Amour, qu'il n'y ait rien en
moy qui ne vous aime; & qu'il
ne me soit pas poſſible d'aimer
autre choſe que vous.

*Priere tirée de S. Bonaventure pour
demander à Dieu ſon ſaint
Amour.*

BLESSEZ mon ame tres-
aimable Jeſus des traits de
voſtre divin Amour, plus la
playe en ſera profonde, plus elle

me sera douce & salutaire. Remplissez-la d'une charité sainte, tranquille & vrayment Apostolique, afin qu'elle ne languisse que pour vous, & qu'elle ne soûpire que pour vous. Donnez-luy un desir ardent de s'unir à vous & de voir cette face à découvert qui fait l'admiration & la passion des Anges. Remplissez-la de la suavité de vostre Esprit, afin que toûjours alterée par les douces ardeurs de vôtre amour, elle courre à vous de toute sa force, comme à la source de la sagesse, de la science & des lumieres éternelles, comme au torrent de tous les plaisirs, & à l'abondance de tous les biens dont on joüit dans la maison de Dieu. Qu'elle pense incessament à vous, qu'elle converse avec vous, & qu'elle fasse toutes choses pour la gloi-

re de voſtre nom avec humili-
té & diſcretion, avec amour &
dilatation de cœur, avec facili-
té, zele & perſeverance juſqu'à
la mort. Soyez toûjours vous
ſeul toute mon eſperance, &
toute ma confiance, ſoyez mes
richeſſes, mes delices, ma douceur, ma joie, mon repos, ma
tranquilité, ma paix, ma felicité, ma nouriture, ma ſubſiſtan-
ce, mon azile, mon bouclier, ma
ſageſſe, mon bien unique, ma
poſſeſſion & mes threſors. Que
mon eſprit & mon cœur aprês
avoir tendu à vous de tous leurs
efforts arrivent enfin à voſtre
joüiſſance, qu'ils vous trouvent
aprês vous avoir tant cherché &
deſiré, & qu'aprês vous avoir aimé uniquement ils vous poſſe-
dent dans un parfait repos, &
que cette poſſeſſion ſoit à jamais
immuable & eternelle.
Ainſi ſoit-il.

*Oraiſon de Sainte Catherine de Gennes pour demander à Dieu la deſtru-Étion de nôtre être malin.*

SEIGNEUR, je vous fais un preſent de tout moi meſme, pour en diſpoſer abſolument, je ne ſcay plus ce que je dois & puis faire de moy meſme, ne voyant rien en moy qu'une multitude de diſpoſitions prochaines à devenir un vray enfer. C'eſt pour cela, Seigneur, que je voudrois bien faire un échange avec vous, & vous mettre mon être malin entre les mains, parce que vous ſeul le pouvés cacher & abîmer en voſtre infinie bonté, & faire un tel changement en moi par la toute-puiſſance de voſtre grace qu'on ne voye plus aucune choſe de moy, me donnant l'occupation

de vôtre pur & purifiant Amour,
lequel éteigne en moi tout autre amour, & me fasse annean-
tir toutes les creatures en vous.
O Seigneur, quand viendra le
temps que je seray tellement oc-
cupée de vous, qu'aucune autre chose ne trouvera en moy,
ny le temps ny le lieu, ny le
moindre accés pour s'y arrester.